AF174999

UN AÑO EN LANIAKEA

UN AÑO EN LANIAKEA

Eduardo Crespo

PRENSAS DE LA UNIVERSIDAD DE ZARAGOZA

© Herederos de Eduardo Crespo
© De la presente edición, Prensas de la Universidad de Zaragoza
   (Vicerrectorado de Cultura y Proyección Social)
   1.ª edición, 2024

Colección La Gruta de las Palabras, n.º 131
Director de la colección: Fernando Sanmartín

Ilustración de la cubierta: Jesús Cisneros

Prensas de la Universidad de Zaragoza. Edificio de Ciencias Geológicas, c/ Pedro Cerbuna, 12. 50009 Zaragoza, España. Tel.: 976 761 330 puz@unizar.es   http://puz.unizar.es

 Esta editorial es miembro de la UNE, lo que garantiza la difusión y comercialización de sus publicaciones a nivel nacional e internacional.

ISBN 978-84-1340-929-0

Impreso en España
Imprime: Servicio de Publicaciones. Universidad de Zaragoza

Depósito Legal: Z 2117-2024

EN BUSCA SIEMPRE
DE LAS RESPUESTAS GRANDES

Hay un tipo de poeta, sorprendentemente frecuente, que escribe a lo largo de muchos años con perseverancia, autoexigencia e incluso cierta ambición, pero que solo se decide a empezar a vaciar el cajón de los inéditos al llegar a la edad crucial de la jubilación, como si la vida laboral fuese incompatible con esa vida simbólica que de alguna manera permite o reclama el arte.

La mayoría de los creadores vive, casi literalmente, una doble vida, como si todos fueran espías o infieles: por un lado está su dimensión visible, civil, superficial, económica, política o familiar, que se despliega ante los vigilantes ojos del mundo, pero por debajo hay unas fantasías, unos sueños o unas frustraciones que van traduciendo a literatura (o a pintura, o a fotografía…) y que normalmente, si hay suerte, van también ofreciendo, publicando, exponiendo, enseñando. Pero estos otros de los que hablaba en el primer párrafo parecen lo suficientemente serios, rectos o responsables como para no mezclar, y solo se destapan como creadores una vez que, por así decirlo, cierran para siempre la puerta de la oficina y se lanzan, con una ilusión renovada, a velar por todo aquello que han ido sembrando y cosechando, a menudo en secreto, a través de las décadas.

He conocido a varios, y entre ellos hay, como es natural, de todo, pero ninguno con un talento más claro y pujante que el de Eduardo Crespo de Nogueira (Madrid, 1960-2024), quien me escribió un correo electrónico el 4 de enero de este mismo año para presentarse muy amablemente y contarme que había publicado un libro que intuía que podía gustarme.

Uno es también medio poeta y, por tanto, pocas veces puede rechazar una comida gratis, de modo que pocos días después andábamos don Eduardo y yo en la plaza de la Iglesia de Galapagar, dando cuenta de un perfecto arroz con bogavante y comentando sus poemas, no solo los publicados en aquel libro recién aparecido, sino un buen centón de inéditos que, tras mi sorpresa, me había hecho llegar. Porque a esas alturas ya andaba yo sinceramente impresionado por la calidad de su poesía, que había ido creciendo espectacularmente desde su ya destacable ópera prima, *Las fachadas del límite* (Madrid, Vitruvio, 2023), hasta *Playa sin mar* (Madrid, Vitruvio, 2024), que es el magnífico libro que nos unió, y explotando definitivamente en *Un año en Laniakea,* un tercer poemario que él daba ya por terminado.

A pesar de que en los meses siguientes anduvimos Eduardo y yo muy cerca (le corregí una estupenda novela titulada *1974,* barajamos muchos más poemas para armar un cuarto libro, vino a mi barrio para ser reseñado en *La Plaza Invisible* y estuvimos trabajando en casa…), y, aunque fui yo quien habló con Fernando Sanmartín para intentar publicar este libro en La Gruta de las Palabras, jamás pude imaginar que acabaría prologándolo, pero la vida tiene sus imprevistos, a veces mágicos y a veces trágicos.

Porque aquí hay una noticia buena (maravillosa) y otra mala (terrible): para empezar por esto último, ha ocurrido que, tras «una larga y hermosa carrera en el ámbito de la conservación de la naturaleza, los parques nacionales, la protección del paisaje y temas afines» (son palabras suyas, de la primera carta que me envió), don Eduardo falleció repentinamente el 20 de noviembre, dejándonos conmocionados. Por otro lado, lo relativamente consolador es que nos deja un buen número de textos inéditos en forma de poemas, ensayos y la citada novela, libros que trataremos de cuidar en el futuro, lo cual, en el ámbito literario, no pasa por custodiarlos, sino por moverlos. Es una paradoja, pero, en lo que respecta a la mejor literatura, a la más «sagrada», para respetar el secreto hay que destruirlo. «Esta mañana he hablado con las flores. / Suelo hacerlo, pero no decirlo», escribió él en *Playa sin mar*...

Ese poeta metafísico, panteísta y profundo que era Eduardo cedía también a menudo a poemas anecdóticos en los que nos regalaba algo así como pequeñas piezas de una autobiografía que, por desgracia, ya no podrá existir. Así, el día en el que ganó el famoso «rosco» del programa de televisión *Pasapalabra,* con su suculento premio, o la mañana en que acompañó a Stephen Hawking por el Parque Nacional de Doñana (del que Crespo fue subdirector), se convirtieron en verso y quedan como testimonio de una vida que, me consta, él consideraba apasionante, colmada, plena, afortunada, viajera, variada, atenta, envidiable, y que, modesto pero a la vez muy consciente de su talento, se disponía a culminar con varios años de actividad literaria, de entrega a la poesía y de unas publicaciones que él se disponía a mimar.

Aparte de tener acumulado el trabajo íntimo de mucho tiempo, Eduardo seguía escribiendo con tanto acierto como fecundidad. Tenía esa capacidad para hacer un gran poema de casi cualquier cosa sobre la que pensara o sobre toda noticia que le sobresaltase, como hacía Picasso con un sobre de azúcar o con un billete del metro. Cada pocos días me enviaba un nuevo poema, siempre con ese cosquilleo que produce saber que se acaba de encontrar algo valioso. El 3 de octubre me envió el último, en el que dickinsonianamente se explica que «estábamos sentados al borde del futuro / con los ojos chocando contra Preguntas Nuevas. / Tranquilos aguardábamos, tal vez, / Respuestas Grandes».

Preguntas Nuevas y Respuestas Grandes: es un buen objetivo, y también un certero balance de una obra poética que aquí, con *Un año en Laniakea,* conoce su tercer eslabón, confiando en que no sea el último.

JUAN MARQUÉS

Glorieta de Legazpi, Madrid, 26 de noviembre de 2024

I

TU CARNE HERIDA

SIN QUERER

A veces cae la lluvia como no la queremos:
violenta, poca, y tarde.
Entonces los maestros, a la orilla del mar Mediterráneo,
pronuncian las palabras «mal menor»,
y la existencia sigue floreciendo a deshora,
como si nuestros pasos no marcasen
la senda del abismo.

CONTRICIÓN

Buenos días, querida Hoja de Hierba.

Espero que estés verde y desplegada
cuando recibas estas letras simples
que piden, a la vez, perdón y auxilio.

Te ruego que me creas
                                    a pesar
de todo lo ocurrido entre nosotros.
Vas a necesitar toda tu fuerza
para lidiar con esta desventura.

Te escribo por encargo de los míos:
Ya no podemos más,
                                    somos culpables
de haber sacrificado vuestra vida
jugando a que la nuestra es diferente.

Solo nos queda ya buscar el Sur,
frenar en seco, a la desesperada,
confesarte que anida en nuestras tripas
el miedo de los necios a la muerte,
y pedirte, bendita Hoja de Hierba,
embajadora dulce de lo vivo,
que las tribus del suelo nos acojan
con la piedad, la luz, y la ternura
que en nuestro tiempo no supimos darles.

Con la mano en la tierra te lo pido:
roza mi corazón, Hoja de Hierba.

CADUCIDAD

«Multiplicaos, creced, proliferad,
poblad la faz del mundo y sus confines»,
rezaban los papiros primitivos
que heredamos de los tatarabuelos.
Nos cuesta comprender que hace ya mucho
que sus frases antiguas caducaron;
que estamos asfixiando a las criaturas
que comparten el viaje con nosotros
por tierra, mar y aire;
que el único remedio es dar la vuelta,
desandar los caminos mal andados
y hacernos más pequeños,
so pena de morir junto a los peces,
bajo el último vuelo de las aves.

ARMISTICIO

Necesito atreverme a hablar contigo,
Océano Gigante extraviado;
hablar de ti y de mí,
de nuestra discrepancia inconcebible.

También de la razón de las heridas
después del paraíso.

Pero antes solicito tu promesa
de que todo se hará de igual a igual,
quiero decir, poniendo por delante

                                   del tamaño
la voz de dos personas:
La Mar. La Humanidad. Una balanza
                     de afectos y de agravios.

Llegados a esa tregua,
naufragaré gustoso en tus pedidos;
mis dedos abrirán la última llaga

en el agua bendita de tu piel,
y extirparán, Amor, de tus entrañas
(para exponerla al aire calcinante)
la basura grabada siglo a siglo
sobre las branquias de tus ciudadanos.

Firmaremos, al fin, el armisticio,
pero tendremos que construir la paz,
porque el perdón no es la supervivencia.

MUNDO SECO

Cuando Nicanor Parra se citó por la tarde
con el Cristo de Elqui
a la sombra feliz de un algarrobo
para acogerse en su venida mutua de los cielos,
y declarar
que toda mujer y todo hombre son incontrolados
                              [sacerdotes
de la religión Tierra,
ambos sabían que pisaban desierto,
que el agua estaba huyendo acelerada
debajo de sus pies
hacia el abismo rojo de Satán,
que tardaría siete u once años en volver a llover
flores y huevos,
sin que aquello pudiera tildarse de sequía,
porque así había sido desde que Abel cometió incesto;
porque así eran las cosas naturales
en el cosmos futuro
y en el norte de Chile.

Nicanor Parra nunca habló de un sueño.

LA FUENTE

Habíamos quedado en una fuente
repleta de delfines de metal,
embellecida por la luz del óxido
bajo la tarde de una ciudad ciega.
El mar pertenecía a otra galaxia.

Llegamos, y la fuente… estaba seca.

El hecho es absoluto cuando ocurre,
y con el tiempo se relativiza,
toma la condición de sucedáneo,
y nos devuelve al baño con delfines
en medio de la vida, sin buscarlo,
en medio de la nada, sin turistas.

La fuente no es el mar de la ciudad.
El mar es la ciudad de los delfines.

IDENTIDAD

No tengo que acostarme con un oso
para saber por lo que están pasando
(no solo él, proscrito en el paisaje...
su familia también, y sus vecinos,
las criaturas con las que conversa
cuando sale desnudo a buscar bayas).

Lo sé desde el momento en que nacimos
al desamparo de los mismos astros,
aprendices de igual incertidumbre,
sabios, al fin, de idénticas verduras.

Su corazón palpita en vuestro pecho,
y mi palabra sale de su boca.
Mientras no lo aceptéis continuaremos
corriendo en dirección al precipicio.

Hoy te pido perdón, Hermano Oso.

IN EXTREMIS

¡Óyeme, Bajamar!
Estoy en pie, descalzo sobre ti, completamente solo,
mientras tú me penetras
por todos los sentidos
en esta playa atlántica infinita,
consagrada a la niebla del invierno.

La barriga del mar se ha retirado a descansar del parto,
me ha dejado contigo, tras el mundo.
En el túnel de luz que se dibuja
en torno a la cadencia de mis pasos
podría yo palpar y oler tu vida,
paladear, oír, la sal del eco
                          remoto de las olas;
podría incluso ver pasar un rato de tu precioso turno.

Podría acariciarte con todo, como antes.

Pero mis ojos, llenos de vergüenza,
alcanzan solo a visitar tu sombra, mojada en la batalla
[de mis dedos,
y quieren deslizarse hacia la culpa.

La bocina del faro, lejanísima,
rompe la paz del siglo y me recuerda
que todos somos tú,
soy Bajamar
porque estamos a tiempo de salvarnos.

Hace falta, eso sí, que me perdones.

PREVISIONES

Cuando el caos tome el mando,
cuando la luz se apague
y las compuertas que mantienen a salvo a Nueva York
cedan a la crecida del océano,
¿habremos aprendido a cultivar
la escasa tierra fértil,
los derechos del oso,
el saludo extranjero,
las maneras humanas de seguir

                 hablando con el aire,

aplaudiendo a los pájaros,
impulsando valientes nuestros pies fatigados
por las trochas que toque

                 trazar

sobre la Tierra…

o nos iremos?

PARÉNTESIS

Huyeron los maestros.
Se ausentaron
quienes sabían desde dónde mirar
a las ballenas bellas

                    terminales,
para evitar morir
de certeza o de miedo.
La fe nos dice que regresarán,
que vencerán.
Añil,
el mar estará limpio para la nueva asamblea de cetáceos.

MATRIX

El sonido del plástico
no es hoy
un canto de victoria.

El cangrejo ermitaño
que no ha encontrado concha
y se refugia
en un tapón de rosca
hace I+D mezclando
mi llanto
y la basura.

DE TRONOS

Hoy vino a arrodillarse ante mi trono
la plenitud de la Naturaleza.
Apareció rendida y desgarrada,
pero cortés cual súbdita ferviente.
Yo procuré sacarla de su error,
explicarle lo oscuro de las cosas,
pero ella me insistió en la pleitesía
que se ganan los seres superiores
a base de dominio incontestable.
Quiso alabar la infinitud del plástico
que se imponía a todos sus empeños,
la potencia del hormigón armado
para ordenar el curso de las vidas.
Yo abandoné el sillón para mostrarle
que mi palacio era de cartón piedra.

DESVIRTUDES

Tardó tanto la lluvia,
tardó tanto
en descender sobre este mundo,
en acariciar la vieja cordillera
y deslizarse después hacia nosotros,
que ya no la esperábamos.
Habíamos perdido la fe de los mayores
en el retorno eterno de las cosas;
habíamos perdido la esperanza en el agua,
la caridad carnal que el pobre pide al pobre
para llenar el vaso de las horas.
Habíamos perdido.
Tardó tanto la lluvia en encontrarse.
Tardó tanto la lluvia en comprendernos.

Tanto tardó la lluvia

hasta que vino.

GRAVEDAD

Rojizo el barro,
férrico, terroso,
se desgaja, empapado,
de la ladera, pura vertical,
se precipita por el talud abajo
a cuyo pie
procuran cada día las aldeas
hacer su vida simple,
escapar de la Parca.
Hoy, como en Samarcanda, fracasaron.
Se vino todo.
Venció la Geología.

LA DUDA ALFÉREZ

A ti,
que ignoras si eres anfibio o pez
de fango oscuro,
yo te requiero
(si me lo permites),
para que seas tú,
Ser Meritorio
en pleno desconcierto,
con tu enfado de gloria descompuesta,
quien alce la bandera de los ríos
ante el juez de la condición humana.

II

ANIMALES Y REYES

NO CONSTA

Debajo del crepúsculo
en el monte
una loba acaba de matar un corzo,
y en un hilo de sangre se ha asfixiado una hormiga,
cosas que solo ha visto un gavilán,
de modo que... no temáis,
no han sucedido.

PLAN B

La mar se está quedando sin aves y sin peces
mientras los ríos hierven de dolor,
y las playas claman en el desierto contra el asesinato
imperdonable
de las viejas estirpes de moluscos.
Los crustáceos esconden sus quejidos,
sus mitos y sus huevas
en las pozas sin fondo que se abren
hacia el océano antiguo del futuro.
La junta de mamíferos marinos
ha votado por unanimidad
mandar comandos de paz a romper buques
y, si eso no funciona, saltar a tierra con los pulmones
[llenos,
cazar a los matones en sus redes,
y arrastrarlos al fondo del abismo,
a las mazmorras negras de Neptuno.

La mar sigue besando sin remedio,
pero hoy lo hace sin letra,
sin sonido.

SALIEGA

Del cero al infinito entre jaguarzos
condujiste a tu estirpe sentenciada,
sigilosa valquiria de los cotos,
venteaste el vaivén de los humanos
y tendiste tu ser,
tu gloria toda,
tu fe de estrecho margen

                                  a la suerte,
Dama, lincesa del monte perfumado,
los hijos de tus hijos nos elevan
a alturas que no siempre merecimos.
Ahora solo alcanzo a darte Gracias,

                              homérica Saliega.

Dedicado a Saliega (2002-2019),
la primera hembra madre de linces ibéricos del programa de cría en cautividad;
la «salvadora» de la especie

DIOS WILSON

Edward O. Wilson se sentó en la tierra
entre dos hormigueros de especies diferentes
y observó atentamente la batalla:
los secuestros,
las muertes,
las decapitaciones,
la conquista final del otro nido,
la confusión de las supervivientes.
Lo anotó todo en un cuaderno nuevo
y se inventó la sociobiología.
Wilson allí fue Dios,
mirando con Amor, sin tocar nada.

REFLEJO VIEJO

Mole de carne blindada y primitiva:
Nos cruzamos prudentes a mitad del sendero,
y el líquido vidrioso de tus ojos fruncidos,
ahítos de anales antediluvianos,
se clavó en mis pupilas, ávidas de leyenda.

Tatarabuelo galápago gigante:
Saciado y sometido te prometo
                          no volver a lavarme ya la vista,
porque miré de frente a esos candiles
que miraron de frente a Charles Darwin.

LAS «CAENAS»

Cuando pregunto nombres
no todas las gaviotas dicen Juan
                            ni, menos, Salvador,
ni procuran mirar más allá de las nubes.
No todas las gaviotas que disfrutan peinando las
                                            [borrascas,
inclusive lanzándose en barrena
como emplumadas naves
                    kamikazes,
desean,
pueden
dejar de querellar
hasta morir…

dejar, por una vez, de ser gaviotas.

BEBÉ ÍNDICO

En un punto secreto
                    del océano Índico
me lancé al agua desde la cubierta de una lancha muy
                    [rápida y científica.

Me estaba saludando un cachalote.
Era una cría de unos nueve metros,
y se perdió hacia las profundidades
después de permitir que me acercara
para estudiarme con el ojo izquierdo.

Su casa verde y móvil, transparente,
dejaba entrar, en dardos diagonales,
                    la plateada luz atardecida,
tachonada de peces habladores;
y pude distinguir, entre las líneas
                    de aquel lío de frases
una que claramente me decía
que, al ser yo tan pequeño y tan desnudo,

tenía permitido pasearme por el jardín de infancia
                                    [del cetáceo,
quedarme a recibir a su familia.

Estuve un rato más, hasta acordarme
de que también algunos tiburones
solían frecuentar el paraíso,
y entonces, de manera misteriosa,
me vi en el purgatorio de la lancha.

El Índico es un sitio razonable.

REINA SIN SELVA

Por compartir almuerzos,
soledades,
camas de verde y niebla,
miedos mutuos,
algunas alegrías,
por compartir, en fin, descubrimientos
con la familia Espalda Plateada;
por comprender las curvas del sendero
que a nuestra simple humanidad conduce,
y cobijar su suerte con tu vida…
por eso eres eterna, Dian Fossey.

LUCIÉRNAGAS

Cruzábamos la duna de regreso a la remota casa de
                                            [la playa,
las manos ocupadas con bolsas y aparejos.
Anochecía y no había farolas.
Lo irregular del suelo era un peligro
para nuestra aventura caminante.
Habíamos salido muy tarde a hacer la compra
pero lo preferíamos,
                         sabiendo
que al poco de alejarnos del poblado
iban a recibirnos,
eficaces, las antepenúltimas luciérnagas.

Hace ya algunas décadas de esto.
El alumbrado público ha vencido.

EQUIDAD

Asomados a la pared de piedra
(medievo en pie, custodio de la finca)
curiosos yegua y potro, inseparables
ante el olor frutal de la mañana.

Desde la libertad extiendo el brazo,
voy colocando sobre la palma lisa un rojo irresistible
                                        de manzanas
frente a los dientes limpios de caballo
hijo y madre,
que sin querer sonríen, o queriendo,
porque la golosina, en la prisión,
también es verdadera,
y el placer, por instantáneo, eterno.

Es áspera la lengua de lo equino.

ASÍ NO

En los días tempranos varias veces
visité un delfinario. Lucía luminoso y era oscuro,
como he sabido luego. En mi última visita
me dio tiempo a conversar con un par de delfines
(las crías separadas de los padres),
hablaban de ansiedad, de psiquiatría,
de decepción amarga con nosotros.

Deletrearon añoranza y cárcel.

Me arrepiento
de aquellas visitas. Al menos me sirvieron
para saber que no volveré nunca.

BUEN SUSTO

El poema comienza en cualquier parte,
en la herida secreta, un jabalí,
mi perro,
colmillo busca abdomen hasta el fondo,
chillidos en el monte pero solo,
nada de sangre, nada en el paseo,
charco, mar de sangre, ya en la casa,
veterinaria urgencia, madrugada,
«sepsis o cirugía», expertas manos,
calma, anestesia, estrellas en la noche…

en el poema de la paz del perro.

POBLADOS

Nos enseñan la absurda teoría
de que los desiertos son desiertos,
quiero decir espacios desolados,
desprovistos de vida por hostiles,
claros merecedores de desprecio.

Y no hay nada más falso que ese ultraje.

No se trata en el fondo de que llueva
ciento treinta milímetros o menos,
(¿o eran ciento cincuenta en los registros?)
y eso marque una linde infranqueable.

Las aguas hacen acto de presencia
por vericuetos poco conocidos:
el rocío, la niebla, los freáticos,
y acaban donde deben,
dentro de los reptiles, de los cactus,
de los escarabajos.

Detrás vendrán los jerbos, los coyotes

                         y los correcaminos.

Pero esa es otra historia.

En esta se trataba solamente

                  de devolver su sitio a los desiertos,

de alzarlos a la par que los poblados.

SOLO ANFIBIOS

Si soy rana de charco,
a merced de las aves que entiendo
y las que ignoro,
si apenas sé que tengo escapatoria
difícil en verano
y sueños bajo el hielo,
si las otras ranas saben menos
                    de lo que yo querría preguntarles,
si el cielo, sí o sí, de cada otoño,
va a derrumbarse sobre mi cabeza,
decidme entonces,
víboras,
lagartos,
¿de qué, de qué, de qué me sirve el agua?

ALMA MOJADA

La mesa de madera era cuadrada, simple,
vacía de aderezos,
era como una mesa de Edward Hopper en medio de
                                                [la sala.
Solo había, en el centro de la mesa, un vaso lleno de
                                                [agua.
De un salto se subió un gato a la mesa.
Certero.
Suave.
Le dio toda la vuelta, con el rabo en el aire,
y se acercó tres veces a olisquear el vaso.
Despacio.
Como un orfebre.
Como un mimo.
Sin rozarlo.
Solo era agua,
y vidrio separando el agua y la madera.
Lo supo el gato y lo dijo:
De otro salto se bajó al suelo frío.

En medio de la mesa, en medio de la sala,
dándole vida al vaso,
quedó el agua.

III

PREGUNTAS EN EL PUENTE

LO ACEPTABLE

Tener de golpe
la sensación rara, deliciosa,
de que se entiende todo,
de que el paisaje urbano en movimiento
es una esquina de la perfección
y no podría ser de otra manera;
de que todo está en paz,
y en paz con uno.

Y entonces, de repente,
sentir el roce de un suceso nuevo,
a lo mejor rural, quizá silvestre,
ver cómo se evapora la certeza…

u observar que persiste.

HEREJES

Cada vez hay más gente pronunciando
las palabras menguar y reducir,
más amantes de la comida lenta,
más heraldos de las manualidades,
más jefes contemplando los paisajes,
más pereza ganándole a la prisa.
Pronto habrá más herejes que ortodoxos
y otra verdad saldrá de su escondite.

SIEMPRE LO OTRO

En lo etéreo que vive al otro lado,
igual que en lo terroso de esta Tierra,
está la realidad incomprendida,
o acaso tu mitad inseparable
de tu hermana mitad que no comprendes.
La jara, el sol, el agua… son preguntas
del mundo para el mundo recorrido,
que rara vez responde
                    a quienes indagamos la Existencia.

OBERTURA

El aire del invierno, limpio, frío,
despierta un pábilo distinto en mi cabeza,
una separación de pensamientos
que al ser contradictorios se examinan
en busca de una percepción redonda:
la trascendencia líquida escindiéndose
del perfume de la materia exacta,
la tierra, las raíces,
un desgarro suave y constructivo
para entender, alguna vez,
el Todo.

LECTURA DIFERIDA

En cada pétalo de los que van cayendo de la flor
cuando les llega el día
(y en los que permanecen
altaneros,
desafiando
por un azar del agua
al devenir corriente de las cosas),
están también,
desordenadas, libres,
las sílabas de la respuesta única
a la pregunta inmensa que se hacen,
la misma que nosotros compartimos
con todos los vivientes:
la Decisión Primera del vacío,
el íntimo porqué de la Existencia.

EL OJO AJENO

Quién sabe si las plantas o los peces
son conscientes de la presencia propia,
del imposible azar de figurar entre los elegidos
                                        por la Nada

para crear, cruzándolo, el umbral
de cada vuelta atrás inconcebible,
estar y formar parte
del suceder en modos y colores
a este lado del tiempo imaginario.

Quién sabe si las rocas o las aves…

¿Ensalzamos nosotros, peregrinos,
con el respeto propio de la prole,
el alto privilegio de Existir?

MIS PIES

Mis pies no son raíces
potentes y profundas
(como habría querido
la tribu de mi padre)
porque los de mi madre
son alas transatlánticas
y a veces la genética
toma el Camino Medio.
Por eso yo he volado
y escapo cuando puedo
pero, al caer la noche,
regreso al suelo blando
que sustenta mi nido
y arraigo mi mañana
en su ayer venerable.

AL MENOS UNO

Dime, Roble, mientras aún me comprendes,
¿cómo allanarme al fresco de tu sombra,
cómo alinear el alma y los pulmones,
cómo cantarle al dios de tu leyenda
                      enraizada en el albor del mundo,
para poder bajar
                de la ventisca
al suelo milenario de las letras
un par de versos dignos de mirarse
despacio,
cara a cara,
en el espejo de tu copa umbría,
en la potencia de tu solo nombre,
en los astros del búho que te guarda?

Dime, Roble, que todavía existes.
Dime, Roble, que no me abandonaste.

BABEL

¿Me vas a permitir que te recuerde
que existen ocasiones en que no,
no son así las cosas
               como el común de mundo las querría;
que lo urgente no puede conversarse
con la engolada voz de los humanos,
ni en un idioma ajeno al del oxígeno?

¿Me consientes?
Habrá que plantar vida en lo importante.

CERTEZA

Cuando la vida muere extenuada en el hogar del bosque,
seca,
rota...
¿el bosque asesinado resucita?

En el bosque la muerte,
como ocurre en toda forma plena de conciencia,
se muestra efímera,
argumental,
perecedera.

JUEGO DE ESPEJOS

Nació de la pelea entre montañas
un lago diferente,
un bisturí
negro de tan azul,
un delicado espejo
                si hubiera habido quién para mirarse.

¿Se miraban en su verdad los cuervos?
¿Hay vida sin enfrente?
¿Qué será del paisaje, a la muerte de los observadores?

PACTO CONFIDENCIAL

Igual estamos nosotros
de perdidos
que el águila imperial,
el oso panda,
el tigre bigotudo que domó Gloria Fuertes.

La misma duda ante el abismo
                                        mismo,
el miedo igual,
pareja pesadumbre
bajo las sombras que proyecta nadie,
que avanzan solas cuando retrocedemos;

pese a todo callamos, como los lobos muertos,
como los mudos muertos
y los mares.

Un paso os pido, una conversación,
                                        imaginad un puente,

y hallaremos.

SOLO MUDANZA

¿Por qué no nos extraña
el repetido tránsito del día

                            más claro
a lo más claro de la noche,
el eterno retorno de los cambios,
el declinar del mundo hacia la tarde?

¿Por qué las matemáticas del Cosmos
nos acarician, mansas, con la música?

¿Por qué somos hechizos variables
si procedemos de Aquello que no muta?

¿De qué estirpe de cosas es el Tiempo,
que ha logrado engañar a quienes Somos?

O TAL VEZ NO

Equilibrio imperfecto,
lo dibujan
            sobre los adoquines amarillos
los trazos del olvido y la memoria,
ganándose terreno mutuamente
con cada nuevo paso, firme, falso,
de las veloces piernas que tenemos.

El retrato no puede ser final.
Habrá solo Memoria,
                o solo Olvido.

NAMASTÉ

¿Qué ha de quedarnos
cuando no sabemos qué cosa es deseable desear,
ni con qué intensidad resulta lícito
reivindicar la fibra autoconsciente,
la libertad,
los fraudes (qué remedio),
los anhelos,
la historia con minúscula del mono sobre la faz del
[mundo?

No Desear nos queda, como al Buda.

IV

ENCUENTROS Y GARBEOS

SALUDO

Volvemos al sendero.
Un campo suave de margaritas blancas
se extiende más allá del horizonte,
nos suplica silencio,
quiere decirnos algo en el idioma ancestral de las
                                        [praderas;
una liebre nos muestra cómo escuchar el tiempo.
Nos llegan los saludos más antiguos.

EL MURO

El muro que rodea la dehesa,
fortín de piedras
amigo de la encina,
casa del musgo, albergue del aciano,
concejo de lagartos y culebras,
memoria de las bestias
familiares,
se está desmoronando
sin remedio,
lo están sustituyendo
por el insulto hiriente de un alambre
que clava sus espinas
en el corazón dulce de quien fuimos.

Aunque algún ave cante todavía,
el tiempo de lo bello ha terminado.

FLECHA ORAL

Viajaba yo en el metro el otro día,
absorto en mis asuntos cotidianos,
cuando la voz más alta de una chica
me devolvió al común de los viajeros.
Se esforzaba en jurarle a sus amigas
que una de ellas,

                    ausente en ese viaje,
había dicho,

              hablando de otra ausente,
que Fulanita estaba «en plan en plan».

Me sumergí en mi libro de poesía.
(It's like, it's like… you know… this is Manhattan)

VIDA FRÍA

Como invierno,
como playa en invierno, mejor dicho,
así es la médula de lo viviente,

agazapada
                    en su disfraz, pasando lenta,
quedamente inadvertida
                              para el sol,
ancha la bruma,
grave, oscura la arena,
quietas incluso las aves migradoras,
hoscas las olas, sordas al saludo,
no vaya a ser que lo estelar templado,
lo benéfico
irrumpa en el letargo
                         con trampas y cartones,
y el bálsamo reclame
        contrapartidas fuertes de alumbramiento y gloria,
potencias que, simplemente, no se tienen.

No debería, claro, ser así,
pero fingir, cubrirnos, declinar el verano y la fortuna
es nuestra forma

                    tranquila

de ir muriendo.

NOVIEMBRE

Llega pronto noviembre.
Hay en el aire Magosto de castañas,
        Todos los Santos, o Samaín, o Halloween.
Un caballero
            (es pobre, es elegante)
sentado al viento en una manta pide
(una veloz cortina de gentío)
para comer
o para seguir siendo
                    un caballero pobre y elegante.
Una mujer de algún supermercado
le trae un plato de plástico y patatas.
Estoy viendo fruición sobre la acera.
Entro con prisa en la pastelería.
«Media docena de huesos de santo».
Hago entrega del postre de la calle.
«Que Dios le bendiga», canta un hombre.

Continúo corriendo hacia noviembre.

SIRENA ALTA

Cuando decimos que el agua es importante
no pensamos en cubos, ni en fregonas,
no abrazamos la imagen de una anciana
por la torcida artrosis de sus dedos,
en su tramo de acera,
dejándolo impoluto para todos
como un trabajo excelso de los dioses,
necesario,
redondo,
como una fuerza entonces concentrada
en sumergir el cetro de Neptuno hasta el final,
en sacarlo a la muerte,
en escurrirlo a tope
del jabón mentiroso
y de nuevo empezar
a ser la acera misma,

la oración,
las manos ateridas en el agua.

A CALLAR

Hemos alardeado
(en años más proclives a la inmortalidad)
de procurar los charcos en el mapa,
y sortear los fuegos del camino,
mientras colmábamos el saco con estrellas.

Hemos alardeado de las vísceras,
y de prender quinqués entre los náufragos.

Ahora, sin embargo, se ha trastornado el cuerpo de la
                                        [Historia,
el tiempo de la lluvia y de los nervios;
ahora sabemos que, a veces, las palabras
                                        perseveran
y flotan por encima del templo,
pero que es el silencio, amante vivo,
la luz de lo que somos,
la fe de nuestros pasos,
la nueva voz de alerta junto al agua.

LA CUENCA

La cuenca de tu río son hectáreas de cántico salvaje,
despeñaderos de la voz profunda entre un amor de
[pinos y de robles
al pie de tus glaciares de silencio,
como un perdón que allana berrocales.
La melodía de los afluentes de dignidad austera, de
[respeto,
compone la canción que te acompaña
hasta desembocar, delta entregado,
en nuestro mar: mi viento y tu paisaje.

LA CASA DE LA PLAYA

Estoy dichoso,
solo,
en pleno invierno,
colgado de una duna
               en la remota casa de la playa:
el simple paraíso de juguete que inventaron, mirando
                         [hacia el futuro,
mis mayores, hace sesenta años.
Es pequeña y modesta pero ocupa
               un verdadero vértice del Cosmos,
allí donde convergen la tierra, el mar y el aire;
un lugar de cuyo cuerpo es parte
y en cuya alma se asentó sin ruido.
Sus ojos grandes miran al océano
con el respeto típico entre iguales,
su corazón bombea luz y calor para los días tuertos,
y la musculatura de su historia
la han sustentado afectos, letras, vidas.
Hoy he vuelto para reconocerla.

Estoy solo y feliz,
en pleno invierno,
en la remota casa de la playa.

OSO SOLO

En las entrañas lúcidas del hielo
se ha colado la peste del calor.
No voy a darle demasiadas vueltas
al mapa, ni a la brújula, ni al tema:
El oso blanco se ha quedado solo,
subido a un iceberg de plastilina.
Es un heroico rey en su palacio
rendido por el príncipe del fuego,
tomado por las huestes enemigas
en las cuales nos vamos alistando
cada vez que miramos a otra parte,
mientras cantamos juntos por la calle
«Yo amo a mi mamá y al oso blanco».

PAISAJEROS

Temblamos de emoción ante el paisaje porque somos
                                        [divinos,
albergamos,
          latiendo
en el centro del pecho una candencia
apenas descriptible,
inoculada.
Antes,
     antes del tiempo (y que esto signifique lo que quiera)
por la fuerza del Ser sin dimensiones,
la que colocó Shakespeare en la cepa de las dicotomías.
Existir decidiose.
El caso es que vibramos
en sollozos
con fiebres del color, con humedades,
                              aromas, prominencias.

Dicen que somos únicos, sublimes,
pero conozco casos de osos viejos que buscan atalayas
en los montes
para observar cómo se pone el sol...

hasta mañana.

DIAMANTE BRUTO

La alfombra roja y ámbar, la ladera,
la ubicación ignota del refugio.

Pudo haber sido Asturias.
Era la Maravilla innumerada.

Nosotros emergiendo del silencio,
la Energía de dios manifestándose sin miedo ni
                                    [vergüenza,
el diablo sentado en una esquina,
pequeñito,
                                    aprendiendo
lo que puede enseñarle al ser humano un cráneo de tejón
escrito en las umbrías del combate,
con tinta de intemperie,
por el gozoso ardor de la Existencia.

La rúbrica del oso iluminaba la corteza de un avellano
                                    [antiguo.

Y DESPUÉS TODOS

A Walt Whitman le interesaba todo,
o quizá el mundo entero era Walt Whitman
aunque su dios no se lo hubiera dicho.

El bardo era los trenes y los bosques,
los buques estibados de algodón,
los edificios nuevos de Manhattan
                    mirándose al espejo de otro siglo,
los obreros sudando en el almuerzo,
las mujeres queriendo ser iguales,
las tribus defendiendo las praderas,
las praderas hablando con los búfalos,
el poderío de la democracia,
los conciertos sencillos de las aves,
los rancios mercaderes sin escrúpulos,
la austeridad de un roble en el camino,
y la opulencia de no querer nada.

Walt Whitman se sabía, como nadie,
un combate de culpa y de inocencia,

un compendio de compasión y rabia,
un individuo pleno y respetable,
un ser humano digno de sí mismo.

Walt Whitman era solo un universo sostenido por
[una hoja de hierba.

Pero nadie es perfecto en este mundo.
Walt Whitman nunca pudo imaginar con qué dosis
[de odio y de desprecio
el progreso que tanto deseaba pudriría los ríos y los
[mares.

VAHINE

… when you feel at home, anything is possible.
Vahine Fierro, campeona de surf (Tahití, 1999-)

Tubo, rompiente, aéreo… y otro tubo, y otro, sin
[descanso.
Placer. Olas. Trabajo.

Es Vahine tu nombre, o sea Mujer.
Sales en un vídeo cocinando *umu pae* en un hoyo
[del suelo,
bailando un *tamuré* con tus amigas,
caminando a través de una pradera,
vistiendo flores de felicidad.
Pero, de pronto, el mar vuelve a llamarte,
y es entonces cuando tomas el poder, Vahine, Mujer,
[Fierro,
Mujer jugando a las preposiciones
sobre el agua,
con y contra,
ante,

a veces (solo a veces) bajo,

para y por, sin duda: así naciste,

en y entre

         el agua verdadera.

Vahine Fierro fuertemente flexible.

Vahine, ola, sonrisa.

Vahine con la casa en el mar, dentro del mar.

Vahine intemporal, hoy polinesia.

REINICIO

Cuando las olas mansas de la edad
nos lleguen paseando por la playa
                    de Todo Lo Aprendido,
nos sentaremos juntos en la arena,
prestos a responder a las preguntas
de quienes nos sorprendan levitando.
El mar será el primero en preguntarnos
si somos responsables de la sopa
oscurecida, enferma y estragada
en que parece haberse convertido.
Antes de que podamos responderle,
un niño correrá junto a nosotros
interrumpiendo el beso en que pensamos,
y nos dará las gracias por mostrarle
los arrugados álbumes de fotos
en las que el mar devuelve su sonrisa
de espuma despeinada
                    y de arcoíris,
bendito y venerado por los peces,

al viento mensajero de la tarde,
bajo el aplauso azul de los albatros;
las gracias por haberle demostrado
que puede haber, Después, un nuevo Antes.
Posando nuestras almas en la tierra,
confesaremos finalmente al mar
que fue una negligencia más que un crimen.
Leyendo en la marea su sentencia,
aceptaremos, mudos y abrazados,
el sabio veredicto de culpables.

ÍNDICE

II
ANIMALES Y REYES

III
PREGUNTAS EN EL PUENTE

IV

NCUENTROS Y GARBEOS

Este libro
se terminó de imprimir
en los talleres del Servicio de Publicaciones
de la Universidad de Zaragoza
en diciembre de 2024

TÍTULOS DE LA GRUTA DE LAS PALABRAS

1 Manuel M. Forega, *Cuerpo de la edad (1981-1985)* (1985).
2 Emilio Gastón Sanz, *Musas enloquecidas* (1987).
3 Julio Alejandro de Castro, *Singladura* (1988).
4 José Antonio Labordeta, *Diario de náufrago* (1988).
5 Javier Delgado, *El peso del humo. (Libro de Horas Profanas)* (1988).
6 Jose Antonio Rey del Corral, *Poemas del sentido* (1988).
7 Javier Barreiro, *Dientes en un cofre* (1988).
8 Manuel Estevan, *Diario del frío* (1988).
9 Manuel Vilas, *Osario de los tristes* (1988).
10 Alfredo Saldaña, *Fragmentos para una arquitectura de las ruinas* (1989).
11 Mariano Esquillor, *Elegías a Fuensanta* (1989).
12 Antonio Ansón Anadón, *Memoria del Limo* (1989).
13 Rosendo Tello Aína, *Las estancias del Sol* (1990).
14 Ángel Petisme, *Habitación salvaje* (1990).
15 Miguel Luesma Castán, *Crónicas del abismo (1988-1989)* (1990).
16 Ana María Navales, *Los espejos de la palabra. (Antología personal)* (1991).
17 Antonio Fernández Molina, *El cuello cercenado. Antología poética* (1991).
18 Fernando Ferreró, *Falacia* (1992).
19 Luis Moliner, *Bethel y Música* (1992).
20 Manuel M. Forega, *He roto el mar (1980-1990)* (1993).
21 Alberto Montaner Frutos, *Teatro de delicias* (1993).
22 Teresa Agustín, *Cartas para una mujer* (1993).
23 Fernando Sanmartín, *Manual de supervivencia. (Consejos inútiles)* (1993).
24 Joaquín Carbonell Martí, *Laderas de ternero* (1994).
25 Enrique Gutiérrez, *Un país sin nadie* (1994).
26 Rolando Mix Toro, *El espejo y tú* (1994).

27 Magdalena Lasala Pérez, *Sinfonía de una transmutación* (1995).

28 Miguel Ángel Ordovás, *Poemas Evónimos* (1996).

29 Miguel Ángel Longás, *Escolios* (1997).

30 Antonio Blas Villa Berduque, *Andábata* (1997).

31 Mercedes Yusta, *Las mareas del tiempo* (1998).

32 José María Pérez Collados, *Lo que no te conté de mis viajes* (1998).

33 José Luis Trisán, *La libertad sonríe. (Homenaje a Luis de Pablo)* (1999).

34 Salvador Redonet (selección y prólogo), *Para el siglo que viene: (Post)novísimos narradores cubanos* (1999).

35 Eduardo Jordá, *Orco* (2000).

36 Alfonso Sánchez, *Lo fatal (Poemas)* (2000).

37 Rafael Yuste, *Trilogía de Historia Natural* (2001).

38 Antonio Fernández Molina, *Un gallinero en la ciudad. (Relatos)* (2001).

39 P. Rubio Montaner, *Tímidas existencias* (2001).

40 Carlos Alcorta, *Compás de espera* (2001).

41 Joaquín Sánchez Vallés, *Pasos en el jardín* (2002).

42 Francisco López Serrano, *La caricia de un sueño* (2002).

43 Fernando Ferreró, *Revisión prospectiva* (2002).

44 Fernando Andú, *Invenciones de las cárceles* (2002).

45 Tristan Tzara, *Los primeros poemas (Poemas rumanos)* (2002).

46 José Antonio Conde, *La vigilia del mármol* (2003).

47 Alfredo Saldaña, *Pasar de largo* (2003).

48 Javier Sancho, *Cuentos de colores* (2003).

49 José Antonio Sáez, *Derrota de las islas* (2003).

50 Ángel Guinda, *La creación poética es un acto de destrucción. Antología (1980-2004)* (2004).

51 José Ignacio Foronda, *Jaulas* (2004).

52 J. L. Rodríguez García, *En la última ciudad* (2004).

53 José Verón Gormaz, *El exilio y el reino* (2005).